KARL LARENZ

Über die Unentbehrlichkeit der Jurisprudenz als Wissenschaft

SCHRIFTENREIHE
DER JURISTISCHEN GESELLSCHAFT e.V.
BERLIN

Heft 26

Berlin 1966

WALTER DE GRUYTER & CO.

vormals G. J. Göschen'sche Verlagshandlung · J. Guttentag, Verlagsbuchhandlung
Georg Reimer · Karl J. Trübner · Veit & Comp.

Über die Unentbehrlichkeit der Jurisprudenz als Wissenschaft

Von

Dr. Karl Larenz

Professor an der Universität München

Vortrag
gehalten vor der
Berliner Juristischen Gesellschaft
am 20. April 1966

Berlin 1966

WALTER DE GRUYTER & CO.

vormals G. J. Göschen'sche Verlagshandlung · J. Guttentag, Verlagsbuchhandlung
Georg Reimer · Karl J. Trübner · Veit & Comp.

Archiv-Nr. 2 727 66 8/9

Satz und Druck: 𝕾 Saladruck, Berlin 65

VORWORT

Die nachfolgenden Ausführungen geben den Vortrag wieder, den ich am 20. April 1966 vor der Juristischen Gesellschaft in Berlin gehalten habe. An dem Text meiner Ausführungen habe ich nichts geändert. Für den Druck habe ich lediglich einige Anmerkungen angefügt, die Literaturhinweise geben und in einigen Punkten meine Ausführungen noch etwas verdeutlichen sollen. Die Formulierung des Themas lehnt sich an die des bekannten Vortrags an, den vor nun fast 120 Jahren J. H. v. KIRCHMANN vor der gleichen Juristischen Gesellschaft gehalten hat. Was ich bezweckte, war eine gewisse Bestandsaufnahme des Selbstverständnisses der heutigen Rechtswissenschaft in ihrem Verhältnis zur Rechtspraxis. Die Auseinandersetzung mit der Kritik, die KIRCHMANN an der Rechtswissenschaft *seiner* Zeit geübt hat, bot die Gelegenheit, etwas von dem Weg sichtbar werden zu lassen, den die Rechtswissenschaft bei uns seither zurückgelegt hat. Der Vortrag KIRCHMANNs bezeichnet einen Höhepunkt in der Geschichte der so bedauerlichen Entfremdung zwischen der Theorie und der Praxis des Rechts in unserem Lande. Demgegenüber war mir daran gelegen, das Gespräch zwischen Theoretikern und Praktikern, das umso fruchtbarer sein wird, je deutlicher sich jeder seiner spezifischen Aufgabe bewußt bleibt, in Gang zu halten. Die vornehmlich an den Sitzen unserer obersten Gerichte bestehenden Juristischen Gesellschaften scheinen mir für dieses Gespräch der gegebene Ort zu sein. Ich bin daher der Juristischen Gesellschaft in Berlin dafür dankbar, daß sie mir die Gelegenheit zu diesen Ausführungen gegeben hat.

Karl Larenz

I.

Im Jahre 1847 hat der damalige Staatsanwalt Julius Hermann von KIRCHMANN[1], der sich auch durch einige heute vergessene philosophische Veröffentlichungen einen Namen gemacht hat, in der Berliner Juristischen Gesellschaft einen Vortrag gehalten unter dem Titel: „Über die Wertlosigkeit der Jurisprudenz als Wissenschaft".[2] Dieser Vortrag hat ungewöhnliches Aufsehen erregt[3]; Freunde und Verächter der Jurisprudenz haben sich gleicherweise immer wieder auf ihn bezogen; einige der in ihm enthaltenen, scharf pointierten Äußerungen sind geradezu zu geflügelten Worten geworden. Am bekanntesten ist wohl das Wort, das die Vergänglichkeit der juristischen Bemühungen verdeutlichen soll: „Drei berichtigende Worte des Gesetzgebers und ganze Bibliotheken werden zu Makulatur".[4] Aber die Vergänglichkeit ihres Gegenstandes, des positiven Rechts, und die daraus resultierende Unfähigkeit der Rechtswissenschaft zur Gewinnung von Erkenntnissen, die den Tag zu überdauern vermögen, ist nicht der einzige Grund, der KIRCHMANN von ihrer Wertlosigkeit

---

[1] Über ihn vgl. STINTZING-LANDSBERG, Geschichte der deutschen Rechtswissenschaft III, 2 S. 737 ff. Die Gesamtwürdigung lautet: „Dieses also war der Mann, der 1847 die Wertlosigkeit der Jurisprudenz als Wissenschaft verkündigte: ein wenig Querkopf, ein wenig paradox, aber hochgebildet, ein tiefer Denker, ein erfahrener juristischer Praktiker in bedeutender Stellung, ein reiner Freund der Wissenschaft und Wahrheit. Ihm kam es nicht darauf an, Aufsehen zu erregen, sondern seine Überzeugung vorzutragen."
[2] Der Vortrag ist mehrfach gedruckt worden. Er wird im folgenden zitiert nach der Ausgabe der wissenschaftlichen Buchgesellschaft Darmstadt, 1956.
[3] Bereits im Jahre 1848 erschien eine Gegenschrift des Rechtsphilosophen Friedrich Julius STAHL unter dem Titel „Rechtswissenschaft oder Volksbewußtsein". Zur geistesgeschichtlichen Einordnung des Vortrags vgl., außer der angegebenen Stelle bei STINTZING-LANDSBERG, WIEACKER, Privatrechtsgeschichte der Neuzeit S. 245; ERIK WOLF, Große Rechtsdenker, 4. Aufl. (1963) S. 592, 625 f.
[4] Die Worte stehen in der angegebenen Ausgabe auf S. 25.

8

sprechen läßt. Mindestens ebenso scharf tadelt er den Hang der
Juristen, am Althergebrachten festzuhalten, den konservativen
Grundzug aller Rechtswissenschaft und allen Rechts. Die Jurisprudenz stelle sich dem Fortschritt des Rechts gern feindlich
entgegen; sie neige dazu, „die Bildungen der Gegenwart in die
wohlbekannten Kategorien erstorbener Gestalten zu zwängen".[5]
Über dem vergangenen Recht vergesse sie das der Gegenwart.
Vergeblich suche er nach einer Hilfe der Wissenschaft dort, wo
sie wahrhaft not tue, bei der Fortbildung des Rechts[6]. Schließlich
nötige die Bindung an das positive Recht die Jurisprudenz dazu,
sich nicht nur vorwiegend mit Vergänglichem oder bereits Ab-
gestorbenem abzugeben, sondern das Mangelhafte, ja mitunter
das Widersinnige als das Gültige hinzustellen und zu recht-
fertigen. So werde sie „aus einer Priesterin der Wahrheit durch
das positive Gesetz zu einer Dienerin des Zufalls, des Irrtums,
der Leidenschaft, des Unverstandes; statt des Ewigen, Absoluten,
wird das Zufällige, Mangelhafte ihr Gegenstand. Aus dem Äther
des Himmels sinkt sie in den Morast der Erde".[7]

Die polemische Form, die gewollt überspitzten Formulierungen[8] machen deutlich, daß es KIRCHMANN im Grunde darauf an-
kam, zu einer kritischen Selbstbesinnung aufzurufen. Es ist, hält
man sich nur an die einzelnen Aussagen, verhältnismäßig leicht,
sie als unrichtig oder doch als weit übertrieben nachzuweisen.
Dennoch geht von dem Vortrag KIRCHMANNS eine starke Be-
troffenheit aus, der wir uns nicht entziehen wollen. Es hat demgegenüber wenig Sinn, darauf hinzuweisen, daß es immerhin
einige juristische Werke gibt, aus denen wir auch heute noch Einsichten zu gewinnen vermögen, obgleich das positive Recht, auf
das sie sich beziehen, längst nicht mehr in Geltung steht. Ich er-
innere etwa an SAVIGNYS System des heutigen römischen Rechts,
das kürzlich erst FLUME erneut für die Gegenwart ausgewertet
hat[9], an FEUERBACH oder auch an GROTIUS und PUFENDORF. Mit
dem Inkrafttreten des BGB wurde keineswegs die gesamte ge-

---

[5] S. 16.
[6] S. 42.
[7] S. 23.
[8] KIRCHMANN selbst bittet im Vorwort den Leser, „das Oratorische des
Ausdrucks" zu entschuldigen.
[9] In seinem „Allgemeinen Teil des Bürgerlichen Rechts" Bd. 2 (1965).
Vgl. etwa S. 5, 30, 49 ff., 129 f., 174 ff., 294 ff., 402, 440 ff.

meinrechtliche Literatur „Makulatur". Den Vorwurf, daß sie
sich nicht um die Rechtsfortbildung kümmere, wird man der
heutigen Rechtswissenschaft angesichts der vielen Neubildungen,
die ohne ihre Mithilfe nicht möglich gewesen wären — ich er-
wähne aus dem mir naheliegenden Gebiet nur die „culpa in
contrahendo", die Aufnahme zahlreicher Schutz- und weiterer
Verhaltenspflichten in das Gefüge des Schuldverhältnisses, an
die Figuren des Gestaltungsrechts, des Anwartschaftsrechts, an
die Herausarbeitung der Gefährdungshaftung als eines eigen
gearteten Haftungsprinzips — kaum machen können. Und der
Vorwurf, daß sich die Rechtswissenschaft, statt mit dem „Ewigen, Absoluten", mit dem Irdischen und Mangelhaften beschäf-
tige, wird einer Zeit, die gegen absolute Werte so skeptisch geworden ist wie die unsrige, schwerlich einleuchten. Dennoch: so
leicht die vordergründigen Argumente KIRCHMANNs auch zu
widerlegen sind, es bleibt ein Stachel, eine Herausforderung, der
wir uns stellen sollen.

Sehen wir näher zu, so ist die These von der Wertlosigkeit der
Jurisprudenz als Wissenschaft, wie KIRCHMANN selbst bei Beginn
seines Vortrages bemerkt[10], doppeldeutig. Sie kann einmal besagen, daß die Jurisprudenz „als Wissenschaft" wertlos sei, daß
sie den strengen Anforderungen an eine solche nicht genüge und
daher zur Erweiterung der menschlichen Erkenntnis wenig oder
nichts beitrage, daß sie den als solchen anerkannten Wissenschaften, den Naturwissenschaften, der Mathematik, der Psycho-
logie, der Soziologie, der Geschichtswissenschaft usf. nichts Gleich-
wertiges an die Seite zu stellen vermöge. Zum anderen kann die
These aber auch besagen, daß die Jurisprudenz, mag sie nun
eine Wissenschaft sein oder nicht, für das praktische Rechtsleben
nichts zu leisten vermöge; daß sie für den Fortschritt der Gesetzgebung, für die Rechtsprechung und damit letzten Endes für die
Verwirklichung jener relativen, notwendig unvollkommenen
Gerechtigkeit, um die sich die Juristen mühen, nicht nur entbehr-
lich, sondern sogar hinderlich sei. Würde die Folge der ersten
Behauptung nur sein, daß die Rechtswissenschaft aus dem Kreise
der Wissenschaften auszuscheiden habe, als eine juristische Kunst-
lehre oder, wie immer man sie sonst charakterisieren mag, aber

---

[10] S. 7.

doch ihren Wert, ihre Bedeutung für das praktische Rechtsleben
behielte, so wäre die Konsequenz der zweiten Behauptung,
wollte man mit ihr ernst machen, daß ihre Abschaffung zu for-
dern sei. KIRCHMANN sagt ausdrücklich, seine These solle sowohl
in der ersten, wie in der zweiten Bedeutung verstanden werden.
Er zieht allerdings nicht mit ausdrücklichen Worten die Konsequenz der Abschaffung der Jurisprudenz, und er sagt vor allem,
von einigen vagen Hinweisen auf das im Volke lebende „natürliche Recht" abgesehen[11], nicht, was denn an ihre Stelle treten
solle. Dieser Mangel einer positiven Ergänzung seiner ausschließlich negativ gerichteten Ausführungen wiegt schwerer als alles,
was man gegen diese im einzelnen vorbringen mag[12].

Ich will mich in diesem Vortrag mit dem zweiten Aspekt der
These KIRCHMANNs befassen. Ob also die Rechtswissenschaft sich

---

[11] Das „natürliche Recht" erscheint bei KIRCHMANN als der „wahre"
Gegenstand rechtswissenschaftlicher Bemühungen im Gegensatz zum falschen
Gegenstand der Jurisprudenz, dem positiven Gesetz. So heißt es auf S. 8:
„Dieser Gegenstand ist das Recht, wie es in dem Volke lebt und von jedem
einzelnen in seinem Kreise verwirklicht wird; man könnte es das natürliche
Recht nennen." Auf S. 21 ff. wird sodann das positive Gesetz dem „natürlichen Recht" gegenübergestellt, wobei es KIRCHMANN darum geht, die
Nachteile aufzuzeigen, die das positive Gesetz, „jene Zwittergestalt von
Sein und Wissen, die zwischen dem Recht und der Wissenschaft sich ein-
drängt und beide mit ihren verderblichen Wirkungen bedeckt", sowohl
für das „natürliche Recht", wie für die Rechtswissenschaft mit sich gebracht
habe. Unter dem „natürlichen Recht" versteht KIRCHMANN dabei nicht, wie
man denken könnte, das „Naturrecht"; vielmehr wird es, im Gegensatz
zu diesem, als nur der Zeit ständig fortschreitend und eben darum für die
Wissenschaft, die ewig hinter der Gegenwart einherhinke, unerreichbar dar-
gestellt. Noch weniger kann das Gewohnheitsrecht gemeint sein, das in
KIRCHMANNs Sinne nicht weniger „starr" ist, als das Gesetz. Der Hinweis
KIRCHMANNs (S. 10), das Recht ruhe „in den dunkeln Regionen des Gefühls,
des natürlichen Takts", macht vielmehr deutlich, daß KIRCHMANN unter dem
„natürlichen Rechts" nichts anderes versteht als das Rechtsgefühl, und zwar
in seiner jeweiligen Reaktion auf einen konkreten Fall. KIRCHMANN erklärt
zwar, den „notwendigen Fortgang vom natürlichen Recht zum positiven
Gesetz" nicht leugnen zu wollen (S. 21). Als Gründe für diesen „notwendigen Fortgang" führt er an: „die höhere Kultur, die Teilung der Arbeit, die
Verwicklung der Verhältnisse, das Bedürfnis nach Festigkeit und Bestimmt-
heit". Man sollte meinen, daß deshalb auch KIRCHMANN die einfache Rück-
kehr zur Undifferenziertheit des „natürlichen Rechts" nicht für möglich
hält, beim Rechtsgefühl nicht stehen bleiben will. Allein er bietet zu der
am positiven Gesetz orientierten wissenschaftlichen Jurisprudenz keine
Alternative an.
[12] Dieser Mangel rechtfertigt das Urteil WIEACKERS a. a. O., KIRCHMANNS
Vortrag sei „kaum als eine eigene geistige Position", wohl aber „als Symp-
tom des zunehmenden Widerstandes einer realistischen Praxis gegen die
Anmaßung der wissenschaftlichen Spekulation" zu werten.

mit Recht eine Wissenschaft nennt, soll hier nicht weiter erörtert werden. Ich habe mich dazu an anderen Stellen geäußert[13] und bemerke jetzt darüber nur folgendes: Wer den Begriff der Wissenschaft so eng faßt, daß darunter lediglich die von empirischen Voraussetzungen unabhängige reine Logik und Mathematik, sowie die Naturwissenschaft fällt, insoweit sie sich ausschließlich auf quantitative Größen richtet und ihre Ergebnisse daher in mathematischen Relationen auszudrücken vermag, der kann selbstverständlich die Rechtswissenschaft sowenig als eine echte Wissenschaft ansehen, wie irgendeine andere Geisteswissenschaft. Ich halte diese Einengung des Wissenschaftsbegriffes, die das Ergebnis einer ganz bestimmten Stufe der Entwicklung der Wissenschaften war, nicht für berechtigt; vielmehr meine ich, daß Wissenschaft jedes rational nachprüfbare Verfahren sei, das mit Hilfe bestimmter, am Gegenstand entwickelter Denkmethoden geordnete Erkenntnisse zu gewinnen sucht. In diesem Sinne, das bitte ich einmal unterstellen zu dürfen, ist auch die Rechtswissenschaft eine Wissenschaft[14].

Die Frage, mit der ich mich heute befassen will, ist die, was die Rechtswissenschaft, d. h. die nach bestimmten Methoden verfahrende gedankliche Erfassung und Verarbeitung des positiven Rechts[15], also die sog. Rechtsdogmatik mit Einschluß der Rechtsvergleichung, der juristischen Methodenlehre und einer allgemeinen Rechtslehre, für das praktische Rechtsleben, für die Tätigkeit des Richters, des Verwaltungsbeamten und des Gesetzgebers, zu leisten, und was sie nicht zu leisten vermag. Meine These, die ich KIRCHMANN entgegenstelle, lautet: Die Rechts-

---

[13] In der Festschrift für LEGAZ Y LACAMBRA (Santiago de Compostela 1960) S. 179 ff. und in MEINER Methodenlehre der Rechtswissenschaft (1960) S. 5 f., 34 ff., 83 ff.
[14] Vgl. dazu noch BINDER, Philosophie des Rechts (1925) S. 838 ff.; EMGE, Philosophie der Rechtswissenschaft (1961) S. 58 ff. Nach EMGE (S. 59) ist das Kennzeichen einer Wissenschaft „die intentio directa, gerichtet darauf, Gebilde objektiven Geistes in Form von richtigen Urteilssätzen über Problemzusammenhänge, Problemlösungen, begriffliche Auswirkungen, logische Gewichtsverhältnisse in einer dem Wesen des Logischen, Begrifflichen und dem Gegenstand immer mehr gemäßen Form" hervorzubringen. Auch wenn man diese Umschreibung zugrundelegt, wird sich nicht bestreiten lassen, daß rechtswissenschaftlichen Werken, die diese Bezeichnung verdienen, eine derartige intentio zugrundeliegt.
[15] Ich klammere also die Rechtshistorie und die reine Rechtsphilosophie, deren Bedeutung für das praktische Rechtsleben eine mehr mittelbare, darum aber doch keine geringe ist, hier aus.

wissenschaft in dem bezeichneten Sinne ist dem praktischen Juristen unter den Bedingungen des heutigen Rechtslebens unentbehrlich. Wie weit sie wirklich „wertvoll" ist, das allerdings hängt naturgemäß davon ab, in welchem Maße sie ihre Aufgabe erfüllt.

Wer die Unentbehrlichkeit der Rechtswissenschaft für die Rechtspraxis dartun will, läuft freilich Gefahr, das Verhältnis zwischen Rechtswissenschaft und Rechtspraxis einseitig zu sehen. Deshalb will ich von vornherein betonen, daß meine These auch in ihrer Umkehrung richtig sein soll. Nicht nur bedarf die Rechtspraxis ständig der Rechtswissenschaft, sondern auch diese jener. In Anlehnung an ein bekanntes Wort Kants könnte man sagen: Rechtspraxis ohne Rechtswissenschaft ist blind, aber reine Rechtswissenschaft, ohne ständige Auseinandersetzung mit den Problemen, die aus der Praxis auf sie eindringen, ist leer. Das Verhältnis ist also das einer Wechselwirkung. Ich bitte dies im Auge zu behalten, auch wenn ich im folgenden nicht ausdrücklich davon rede.

II.

Die Aufgabe der Rechtswissenschaft, so wie wir sie heute verstehen, ist eine dreifache. Sie legt die Gesetze aus, sie bildet das Recht gemäß den der Rechtsordnung immanenten Wertmaßstäben und den in ihr liegenden gedanklichen Möglichkeiten fort und sie sucht immer aufs neue die Fülle des Rechtsstoffs unter einheitlichen Gesichtspunkten zu erfassen, nicht nur um der äußeren Einheit und Übersichtlichkeit willen, sondern auch, um so weit als möglich eine innere Einheit, eine sachliche Übereinstimmung der einzelnen Regeln herbeizuführen. Es geht also kurz gesagt um die Gesetzesinterpretation, die Rechtsfortbildung und, wenn ich mich einmal so ausdrücken darf, um die Vereinheitlichung des Rechtsstoffs. Die beiden ersten Aufgaben teilt die Rechtswissenschaft mit der Rechtspraxis, vor allem mit der Rechtsprechung; lediglich die dritte ist ihr allein vorbehalten. Alle drei Tätigkeitsarten der Rechtswissenschaft, die sich daraus ergeben, müssen aber in ihrem unlöslichen Zusammenhang gesehen werden.

Was zunächst die Gesetzesinterpretation betrifft, so könnte
man meinen, hierzu bedürfe es keineswegs einer wissenschaftlichen Methode; es komme bei ihr weniger auf ein rationales
Verfahren an als auf das intuitive Verstehen und auf das richtige
„Judiz". Könne sich der Richter, oder derjenige, der sonst das
Gesetz anzuwenden hat, wenn er über dessen Inhalt im Zweifel
ist, keine Belehrung aus den veröffentlichten Gesetzesmaterialien
holen noch an Präjudizien anlehnen, dann entscheide er am
besten nach seinem Rechtsgefühl, nach dem, was *er* für gerecht
und billig hält. Ich bezweifle nicht, daß viele Urteile auf diese
Weise zustandekommen. Die Frage ist nur, ob das in allen Fällen
möglich ist und vor allem, ob die obersten Gerichte so verfahren
dürfen. Wir kennen keine formelle Bindung der Gerichte an
Präjudizien. Sollen daher die obersten Gerichte ihrer Aufgabe
der Sicherung einer einheitlichen Rechtsprechung genügen, so
müssen sie durch Gründe überzeugen. Die heutigen Lebensverhältnisse sind aber viel zu unübersichtlich und die Zusammenhänge oft so verdeckt, daß eine Begründung, die sich lediglich
auf vage Allgemeinheiten oder auf die Versicherung beschränkt,
an dieser oder jener Meinung sei festzuhalten, nicht zu überzeugen vermag. Jedes Gesetz ist eine Teilregelung, die in mannig-
fache Lebensverhältnisse eingreift und nähere und entferntere
Wirkungen auslöst. Um diese Wirkungen einigermaßen zu erfassen und richtig abzuschätzen, bedarf es einer sorgfältigen
Prüfung der vom Gesetzgeber vorgefundenen tatsächlichen
Situation, der von ihm verfolgten Ziele und der dahinterstehen-
den, dem Gesetzgeber selbst vielleicht nur halb oder gar nicht
bewußten, Gerechtigkeitsprinzipien.

Es ist zweifellos das Verdienst der Interessenjurisprudenz und
ihrer Weiterbildung zur Wertungsjurisprudenz[16], daß uns die
Notwendigkeit einer sorgfältigen Analyse der objektiven Gegebenheiten, in die eine Norm eingreift, und einer Bewertung
der Interessen nach den im Gesetz enthaltenen oder aus der gesamten Rechtsordnung zu entnehmenden Bewertungsmaßstäben

---

[16] Zur älteren Interessenjurisprudenz vgl. MEINE Methodenlehre der
Rechtswissenschaft S. 47 ff., über ihre Weiterbildung zur „Wertungsjurisprudenz" S. 122 ff. Beachtenswert zur „Wertungsjurisprudenz" HENCKEL,
Einführung in die Rechtsphilosophie S. 229 ff. u. ZIPPELIUS, Wertungspro-
bleme im System der Grundrechte, 1962.

14

deutlich geworden ist. Daraus haben sich die Methode der teleologischen Gesetzesauslegung[17], der Auslegung entsprechend der
Funktion einer Norm im Rahmen eines Rechtsinstituts oder eines
größeren Lebenszusammenhanges, sowie gemäß den Prinzipien
und Wertmaßstäben der gesamten Rechtsordnung, insbesondere
den Wertsetzungen des Grundgesetzes („verfassungskonforme
Auslegung") entwickelt — Methoden, mit denen unsere obersten
Gerichte mehr oder weniger bewußt arbeiten. KIRCHMANN
wußte von diesen Auslegungsmethoden noch nichts und konnte
von ihnen nichts wissen, da sich die Rechtswissenschaft seiner
Zeit als eine vorwiegend historisch gerichtete Rechtswissenschaft
in der Tat auf die historische und die logisch-systematische
Komponente der Auslegung beschränkte, die teleologische aber
entweder ausdrücklich ablehnte oder doch vernachlässigte[18].
Der 1. Band von IHERINGS „Zweck im Recht" erschien erst 1877
— also fast 30 Jahre nach KIRCHMANNS Vortrag. Die heutige
Rechtswissenschaft verfügt über ein weit reicheres Instrumentarium von methodischen Hilfsmitteln für die Auslegung der
Gesetze, als die des 19. Jahrhunderts. Sie sieht es vor allem nicht
mehr allein als ihre Aufgabe an, den Willen des historischen
Gesetzgebers zu erforschen, sondern sie sieht die Aufgabe der
Auslegung als gegenwartbezogen an[19]. Einerlei, welches Gewicht
sie dem Willen des historischen Gesetzgebers im näheren beilegen
mag, so ist er ihr doch immer nur eines unter mehreren Mitteln

---

[17] Vgl. zu ihr besonders ENGISCH, Einführung in das juristische Denken
3. Aufl. S. 79 ff.
[18] Ausdrücklich abgelehnt wurde sie von SAVIGNY in seinem von WESEN-
BERG herausgegebenen Kolleg über juristische Methodenlehre S. 39 f. In
seinem System des heutigen römischen Rechts (Bd. 1 S. 218 ff.) äußerte sich
SAVIGNY hinsichtlich der Berücksichtigung des Zweckes oder „Grundes"
eines Gesetzes zwar nicht ganz so ablehnend wie in dem Methodenkolleg,
doch räumte er dem teleologischen Moment neben den von ihm hervor-
gehobenen vier Elementen der Auslegung — dem grammatischen, dem
logischen, dem historischen und dem systematischen — auch hier keine
selbständige Bedeutung ein.
[19] Zutreffend sagt G. HUSSERL, Recht und Zeit S. 26: „Bei der Auslegung eines Gesetzes wird man allerdings auf den historischen Zusammenhang, in den es durch den Schöpfungsakt gestellt wurde, zurückgreifen
müssen. Das ist aber nur der Ausgangspunkt für den Prozeß der Auslegung.
Die weitere Aufgabe wird darin bestehen müssen, daß das Gesetz aus seinem
Bezug auf die Zeit seiner Entstehung sozusagen herausgehoben und zur
Gegenwart hin gedanklich weitergeführt wird. Nur so kann eine lebendige

zur Erkenntnis dessen, was das Gesetz im Zusammenhang der heutigen Rechtsordnung und bezogen auf die Situation der Gegenwart sinnvollerweise besagt[20]. Insofern treffen die Vorwürfe KIRCHMANNS, die eine Reaktion auf die mehr oder weniger nur der Vergangenheit zugewandte historische Rechtsschule darstellen, die heutige Situation gewiß nicht mehr.

Freilich könnte ein Skeptiker hier einwerfen: was nützt uns das reichere Instrumentarium der Auslegungsmethoden, sind darum die Entscheidungen unserer Gerichte besser, d. h. gerechter, vernünftiger, oder auch nur berechenbarer geworden? Wer an die vielen seit eh und je bestrittenen Fragen, Kontroversen, an so manche widersprüchliche Entscheidungen denkt, möchte geneigt sein, die Frage zu verneinen. Darauf ist zu erwidern: Wer von den Methoden der Jurisprudenz verlangt, daß sie stets zu absolut sicheren, gleichsam mathematisch beweisbaren, berechenbaren Ergebnissen führen, der verkennt allerdings das Wesen des Rechts und damit die Grenzen, die aller Rechtswissenschaft von der Natur ihres Gegenstandes her gezogen sind. Mathematische Gewißheit gibt es in Fragen des Rechts nicht, weil es nicht um lediglich quantitative Größen geht. Es geht um menschliche Belange, menschliche Schicksale, auch um verschiedene Gerechtigkeitsvorstellungen und Wertungen. Es geht um Konflikte, deren Entscheidung notwendig den einen oder den anderen Teil zurücksetzt, ja ihn oft genug in *seinem* Rechtsempfinden verletzen wird. Hier ein Urteil zu finden, das nicht nur den Knoten durchschnei-

Beziehung zum Heutigen und seiner Problematik hergestellt werden." Daß gerade die juristische Auslegung deshalb immer auch gegenwartsbezogen ist, weil sie von der Anwendung des Gesetzes auf einen konkreten Fall und damit von der heutigen Situation, in die es regelnd eingreifen soll, nicht getrennt werden kann, hat GADAMER, Wahrheit und Methode 2. Aufl. S. 292, 311 und öfter zutreffend herausgestellt. Auch der sogenannte „Bedeutungswandel" einer Norm ist nichts anderes als das Ergebnis einer veränderten, weil auf die gegenwärtige Situation bezogenen, das Ganze der gegenwärtigen Rechtsordnung berücksichtigenden und dadurch geforderten Auslegung. Vgl. MEINE Methodenlehre der Rechtswissenschaft S. 261 ff.

[20] Bemerkenswert ist, daß selbst Anhänger der sogenannten subjektiven Auslegungstheorie, wie etwa NAWIASKY (Allgemeine Rechtslehre S. 130), dem Erfordernis zeitentsprechender Auslegung dadurch Rechnung zu tragen suchen, daß sie an die Stelle des derzeitigen Willens des historischen Gesetzgebers den „erkennbar letzten Willen des Normgebers", d. h. den zu mutmaßenden Willen des heutigen Gesetzgebers maßgeblich sein lassen wollen.

det, sondern das in überzeugender Weise als eine gerechte Lösung des Konflikts eingesehen werden kann, ist schwer, mitunter sogar unmöglich. Die rationalen Methoden der juristischen Interpretation und der Rechtsfindung verhelfen dem Richter zunächst einmal dazu, die in dem Fall verborgenen Rechtsprobleme deutlicher zu sehen, die Wertungen des Gesetzes zu erkennen und zu dem Fall in Beziehung zu setzen. Damit ist ihm in sehr vielen, wenn auch nicht in allen Fällen die richtige Entscheidung bereits vorgezeichnet. Freilich handelt es sich bei ihr fast niemals nur um einen logisch zwingenden Schluß aus den gefundenen Prämissen, denn wenn auch alle Prämissen richtig erkannt sind, bleibt immer noch die Aufgabe der Wertung. Hier nun muß aber einem Irrtum entgegengetreten werden, der unter Juristen immer noch weit verbreitet ist. Ich meine den Irrtum, daß an dem Punkt, wo der Jurist zu werten beginnt, bereits die Möglichkeiten rationaler Kontrolle endet und ihn die Wissenschaft daher an diesem Punkte regelmäßig im Stich läßt[21]. Die Rechtswissenschaft gibt dem Richter nicht nur die empirischen Unterlagen für eine sachgerechte Wertung an die Hand, sondern auch die im Gesetz enthaltenen, mehr oder minder deutlich ausgesprochenen *Wertungsmaßstäbe*. Es ist gerade das die eigentliche Aufgabe der juristi-

---

[21] Für wenigstens mißverständlich halte ich daher den Satz, daß „jede Interpretation auch schon eigene Entscheidung, nämlich Wahl zwischen mehreren möglichen Wertungen", sei. (So aber WIEACKER, Gesetz und Richterkunst S. 7.) Ebenso kann ich ESSER (Grundsatz und Norm S. 256) nicht zustimmen, wenn er meint, das „volitive Element" der Entscheidung sei das primäre, und wenn er zustimmend eine Äußerung von RADBRUCH zitiert, das Auslegungsmittel werde erst gewählt, nachdem das Ergebnis schon feststehe. Was an diesen und ähnlichen Äußerungen richtig ist — daß nämlich auch die teleologische und an den gesetzesimmanenten Wertungsmaßstäben orientierte Auslegung mitunter zu einem „non liquet" führt, das den Richter nunmehr zu einer persönlichen Wertentscheidung nötigt" —, ist im Text anerkannt. Formulierungen wie die genannten bringen aber die Gefahr mit sich, das Bemühen um eine mit den gesetzlichen Wertungen und den der Rechtsordnung insgesamt erkennbar innewohnenden Prinzipien im Einklang stehende Wertung vorzeitig abzubrechen, mit der persönlichen Wertung zu beginnen, bevor noch alle Möglichkeiten rationaler Rechtsfindung erschöpft sind. Interpretation ist stets ein geistiger Prozeß, der in einer Wechselwirkung zwischen dem Interpretierenden und dem zu Interpretierenden besteht. In diesem Prozeß muß der Interpretierende ebensowohl seine vorgefaßte Meinung vom Text her berichtigen lassen, wie der Text sich gefallen lassen muß, daß er nur durch das Medium des dem Interpreten möglichen Verständnisses zur Geltung gelangt.

schen Interpretation, so wie sie die heutige „Wertungsjurisprudenz" sieht, diese Wertungsmaßstäbe aus den Normen, in denen sie enthalten sind, herauszulösen, ihre Reichweite, ihr Zusammenspiel oder auch ihre wechselseitige Begrenzung herauszuarbeiten, und damit das im Einzelfall immer zu findende Werturteil durch rationale Methoden soweit vorzubereiten, daß es sich mit einem hohen Grade von Evidenz, wenn auch nicht mit mathematischer, ergibt.

Freilich ist das nicht immer möglich. Es gibt Fälle, in denen der Richter die Entscheidung allein auf seine persönliche Überzeugung und Verantwortung nehmen muß, weil das beschriebene Verfahren zu einem „non liquet" führt. Wir sagen dann wohl, daß mehrere denkbare Lösungen gleichermaßen „vertretbar" seien. Es ist dies etwas, was der Laie häufig nicht versteht. Von einer Wissenschaft erwartet er, daß sie in allen Fällen zu einer unbezweifelbaren objektiven Gewißheit führt. Demgegenüber muß sich der Jurist häufig mit nur subjektiver Gewißheit begnügen. Aber daß dem häufig so ist, ist noch kein Grund, von den rationalen Methoden die die Rechtswissenschaft entwickelt hat, gering zu denken. Selbst wenn für die letzte Entscheidung noch ein Spielraum bleibt, führen sie doch dazu, die überhaupt möglichen Lösungen klar einander gegenüberzustellen, nicht angebrachte auszuschließen und das danach gefällte Werturteil als solches deutlich zu machen. Daß damit ein hohes Maß von Annäherung an das nie ganz zu verwirklichende Ideal einer auf einsichtig zu machenden Gründen beruhenden Rechtsprechung erzielt werden kann, ist doch wohl nicht zu bestreiten.

III.

Alles über die juristische Auslegung Gesagte gilt ebenso für die auf rechtswissenschaftlichen Überlegungen beruhende Rechtsfortbildung. Zwischen der Auslegung, der Lückenfeststellung und Lückenergänzung und schließlich den seltenen Fällen einer Schaffung ganz neuer Rechtsinstitute im Wege der richterlichen Rechtsfortbildung, die über die bloße Lückenausfüllung hinausgeht, bestehen hinsichtlich der Denkmethoden nur graduelle Un-

18

terschiede[22]. Das heißt nicht, daß diese Unterschiede unwichtig wären oder daß man sie mißachten dürfte. Den Weg weist auch hier die teleologische Denkweise. Wir sehen die gesetzliche Regelung, sei es eines bestimmten Instituts, sei es eines in sich geschlossenen Regelungsbereichs, als ein Ganzes, das auf bestimmten Zweckgedanken und Wertungen beruht, die es zu verwirklichen gilt. Dieses Sinnganze weist eine Lücke auf, wenn eine Situation nicht oder nicht sachgemäß geregelt ist, die eben nach diesen Grundgedanken einer Regelung bedarf[23]. Dabei können wir die für eine andere Situation gegebene Regel auf die vorliegende Situation übertragen, wenn beide Situationen gerade im Hinblick auf die maßgebenden Wertungsgrundsätze gleich zu beurteilen sind — dann sprechen wir von Analogie[24]. In anderen Fällen erkennen wir, daß der Gesetzgeber eine Differenzierung der Lebensverhältnisse übersehen hat, die auch nach einer rechtlichen Unterscheidung verlangt. Wir nehmen sie vor und kommen auf diesem Wege vielleicht dazu, eine Norm einzuschränken, die in Ermangelung der nötigen Differenzierung zu weit gefaßt worden ist. Wir führen diese Norm dann auf denjenigen Anwendungsbereich zurück, für den sie nach der zugrundeliegenden Idee des Gesetzgebers gedacht war. Dieses Verfahren bezeichne ich als das einer teleologischen Reduktion[25]. Immer handelt es

---

[22] Vgl. dazu meine Abhandlung über das Verhältnis von Interpretation und richterlicher Rechtsfortbildung in der Festschrift für OLIVECRONA (Stockholm 1964 S. 384) sowie MEINE Methodenlehre der Rechtswissenschaft S. 273 ff. Ähnlich auch ESSER, Grundsatz und Norm S. 259: „Interpretation und Rechtsfortbildung sind in diesem Sinne ein und dasselbe, mag man auch dort mehr die stabilisierende Methode der explicatio eines implicite geordneten betonen, hier den offenen oder verdeckten zielstrebigen Prozeß. Lückenausfüllung und ergänzende Auslegung sind keine zusätzlichen rechtsschöpferischen Aufgaben des Richters, sondern identisch mit jenem allgemeinen reproduktiven Charakter der Interpretation, welcher nicht ohne ein Leitbild, eine Vorstellung von den Prinzipien denkbar ist, die das Disparate zu einem System integrieren."
[23] Zum Begriff der Gesetzeslücke gibt es eine sehr umfangreiche Literatur. Vgl. jetzt CANARIS, Die Feststellung von Lücken im Gesetz, 1964.
[24] Das Entscheidende beim juristischen Analogieschluß ist nicht eine nur formal-logisch begründete Ähnlichkeit, sondern die Übereinstimmung der verglichenen Tatbestände gerade in den für die Wertung bedeutsamen Elementen. Vgl. dazu MEINE Methodenlehre S. 287 ff. und MEINE Abhandlung über richterliche Rechtsfortbildung als methodisches Problem in NJW 65 S. 1, besonders S. 4 ff.
[25] Vgl. MEINE Methodenlehre S. 296 ff.; NJW 65, S. 5. Andere, so ENNECCERUS-NIPPERDEY, Allg. Teil des Bürgerlichen Rechts § 59 sprechen von „Restriktion".

sich darum, in dem Gesetz enthaltene Gedanken oder auch ein allgemeines Prinzip unserer Rechtsordnung, wie etwa den Gleichheitssatz, im Hinblick auf die vorliegende Situation weiter zu durchdenken, um zu sachgerechten Entscheidungen zu gelangen. Das erfordert ebensowohl eine genaue Erfassung der als regelungsbedürftig empfundenen Situation, wie der in unserer Rechtsordnung gegebenen Regelungsmöglichkeiten und der in ihr enthaltenen Wertungsmaßstäbe. Um diese zu erkennen, bedienen wir uns wiederum der schon erwähnten Grundsätze der Auslegung.

Obgleich es eine richterliche Rechtsfortbildung schon immer gegeben hat, sind die Gerichte heute offensichtlich sehr viel eher zu ihr geneigt als früher. Das mag einmal darauf beruhen, daß durch die Formel von der Bindung der Gewalten an „Gesetz und Recht" die Rechtsprechung ihren Beruf zur Rechtsfortbildung in der Verfassung anerkannt sieht. Es bleibt den Gerichten aber auch kaum etwas anderes übrig, als das Recht fortzubilden, da bei dem raschen Wandel der Lebensverhältnisse sehr häufig auf den Gesetzgeber nicht gewartet werden kann, oder dieser sogar, wie im Falle des Persönlichkeitsrechts, offenbar nicht ungern den Gerichten den Vortritt läßt. Man kann sehr wohl der Meinung sein, daß unsere Gerichte hier manchmal etwas zu weit gegangen sind. Die Begründungen z. B., die man für die Zuerkennung eines Schmerzensgeldes grundsätzlich bei jeder Persönlichkeitsverletzung gegeben hat, überzeugen mich de lege lata nach wie vor nicht[26]. Das gleiche gilt von der Ausweitung des Begriffs des Vermögensschadens in der Rechtsprechung zur Entziehung des Gebrauchs eines Kraftwagens[27]. Man mag über diese Fragen verschiedener Meinung sein. Auf jeden Fall glaube ich, daß die Gerichte gerade dann, wenn sie das Recht fortbilden, d. h. praktisch, wenn auch nicht formell, dem Gesetzgeber gleich neue Normen setzen, das nicht tun dürfen, ohne dafür eine Begründung zu geben, die

---

[26] Zu diesen Begründungen und zu ihrer Kritik vgl. MEIN Lehrbuch des Schuldrechts, 7. Aufl. S. 419 und die dort angegebene Literatur; ferner (zustimmend) WIESE, Der Ersatz des immateriellen Schadens, S. 37 ff.; (kritisch) LEHMANN-HÜBNER, Allg. Teil des Bürgerlichen Rechts, 15. Aufl. S. 433 f.
[27] Dazu WIESE a. a. O. S. 17 ff.; ZEUNER, AcP 163, S. 380; MEINE Abhandlung über den Vermögensbegriff im Schadensersatzrecht in Festschrift für NIPPERDEY, 1965, Bd. 1, S. 489; BÖTTICHER, Versicherungsrecht, 1966, S. 301.

wissenschaftlich wenigstens vertretbar ist. Ohne die Kontrolle, die allein eine wissenschaftliche Methode zu bieten vermag[28], ist die Gefahr übergroß, daß der Richter, selbstverständlich ohne sich dessen bewußt zu sein, doch am Ende nur seine persönliche Wertung an die Stelle derjenigen des Gesetzes setzt. Die legale Kompetenz der Rechtsprechung zur Rechtsfortbildung fordert, so gesehen, als ihr Gegenstück eine wissenschaftliche Methode. Erfreulicherweise sind sich unsere obersten Gerichte dessen im allgemeinen auch bewußt und auch bereit, sich einer wissenschaftlichen Kritik zu stellen.

Ich habe vorhin schon bemerkt, daß die juristische Theorie genauso sich an der Praxis zu bewähren hat, wie diese der theoretischen Durchleuchtung der Probleme nicht zu entbehren vermag. In das Gespräch zwischen dem Theoretiker und dem Praktiker, das leider bei uns noch zu wenig gepflegt wird, bringt jeder etwas ein, was dem anderen abgeht. Was der Praktiker einbringt, ist die Nähe zum Fall und damit die Not, unmittelbar für diesen Fall eine Entscheidung zu finden. Vorzüglich am Fall und an der Notwendigkeit, ihn zu entscheiden, werden die Probleme sichtbar, die gerade der Rechtswissenschaft gestellt sind. Nicht mit Unrecht gilt daher ihre Eignung, zu sachgerechten Fallentscheidungen beizutragen, als Prüfstein einer juristischen Theorie. Allerdings ist es nicht die Aufgabe des Theoretikers, konkrete Einzelfälle zu entscheiden; dies hat er dem Praktiker zu überlassen. Der einzelne Fall ist aber auf der anderen Seite niemals nur eine isolierte Einzelerscheinung. Er ist vergleichbar mit anderen Fällen, mit denen er Gemeinsames aufweist, von denen er sich aber auch unterscheidet. Die Grundforderung der Gerechtigkeit heißt, Gleiches, d. h. in der Vergleichung als gleichartig und gleichwertig Erkanntes gleich und nur Ungleiches auch ungleich zu regeln. Daher ist es notwendig, über den gerade zu entscheidenden Einzelfall auf vergleichbare Fälle und deren Entscheidung sowie auf den allgemeinen Grundsatz zu blicken, der sich in dieser Entscheidung manifestiert. Hierzu bedarf es einer Betrachtungsweise, wie eben der des Theoretikers: der

---

[28] Zu den Kriterien, an denen die „Richtigkeit" einer richterlichen Rechtsfortbildung gemessen werden kann, vgl. MEINE Schrift „Kennzeichen geglückter richterlicher Rechtsfortbildungen" (Schriftenreihe der Juristischen Studiengesellschaft Karlsruhe, Heft 64).

Hinwendung von den Besonderheiten des Einzelfalls zu dem, was an ihm typisch ist; der Verallgemeinerung wiederkehrender Bezüge, der Bildung übergeordneter Begriffe und der Aufdeckung ihrer Zusammenhänge. Das ist, über die eigentliche Interpretation und die Rechtsfortbildung hinaus, die spezifisch systematische Leistung der Rechtswissenschaft[29]. Ohne sie bliebe alle Interpretation Stückwerk, Rechtsfortbildung ein Vorstoß gleichsam ins Leere. Es kommt darauf an, daß sich die gefundene Interpretation oder die Fortbildung des Rechts in den inneren Zusammenhang der Rechtsordnung einfügen läßt, daß sie mit den übrigen Normen zusammenstimmt. Bei jeder Fortbildung des Rechts sollte man sich fragen, ob sie sich mit dem gegebenen Ganzen unserer Rechtsordnung und mit deren leitenden Prinzipien vereinbaren läßt. Diese Kontrolle ist unerläßlich, soll nicht die Rechtsordnung nach allen Seiten hin gleichsam auswuchern. Für sie ist aber die Mithilfe der Rechtswissenschaft unerläßlich.

IV.

Soviel zur Begründung des Satzes, daß die Rechtswissenschaft als methodisch geleitetes Bemühen um eine rationale Erfassung, Auslegung und Fortbildung des geltenden Rechts für das Rechtsleben unentbehrlich ist. Die These von KIRCHMANN enthält aber noch einen Gedanken, mit dem wir uns etwas näher befassen müssen. Es ist der Gedanke, daß die Rechtswissenschaft deshalb sowohl als Wissenschaft, wie für das praktische Rechtsleben wertlos sei, weil ihr ausschließlicher Gegenstand, das positive Recht, solcher Bemühungen überhaupt nicht wert sei. Die Bestimmungen des positiven Rechts, so meint KIRCHMANN, seien zu einem großen Teil unverständig, zufällig, ja im einzelnen häufig bare Willkür[30]. Eben gerade mit diesen Teilen des positiven Rechts aber gebe sich die Rechtswissenschaft vornehmlich

---

[29] Darüber, daß die Rechtswissenschaft immer auch systematisch und nicht NUR „topisch" verfährt, vgl. neuestens DIEDERICHSEN, NJW 1966 S. 697.
[30] Vgl. S. 22.

ab. Indem sie „so das Zufällige zum Gegenstand macht, wird sie selbst zur Zufälligkeit".[31] Hierauf folgen die bekannten Worte: „Drei berichtigende Worte des Gesetzgebers und ganze Bibliotheken werden zu Makulatur".

Ist es richtig, daß der Gegenstand der Rechtswissenschaft nur das Zufällige ist? Beschäftigt sie sich nur oder doch überwiegend mit dem am positiven Recht, was, wie etwa die genaue Länge einer Frist, eine vorgeschriebene Form, eine Regelung im Straßenverkehr in der Tat bis zu einem gewissen Grade lediglich eine willkürliche Festsetzung ist, die daher jederzeit in ihr Gegenteil geändert werden kann? Welches ist denn überhaupt der Gegenstand der Rechtswissenschaft?

Wer nach dem Gegenstand der Rechtswissenschaft fragt, wird zweifellos zunächst das positive Recht als einen gegebenen Regelungsinhalt dafür halten. Zum positiven Recht gehören übrigens nicht nur die Gesetze und Verordnungen, sondern ebenso auch der Niederschlag der anerkannten Rechtsvorstellungen und rechtlichen Anforderungen in den Urteilen der Gerichte und in den in faktischer Geltung stehenden Maßstäben[32]. Die Rechtswissenschaft hat aber zum Gegenstand auch die rechtlich geordneten Lebensverhältnisse selbst, die typischen Verkehrsgeschäfte, die wirtschaftlichen und sozialen Gegebenheiten, die Institutionen, kurz das, was Eugen HUBER die „Realien der Gesetzgebung" genannt hat[33]. Eine ihrer Aufgaben ist, die Normen und die von ihnen geregelten Lebensverhältnisse so zueinander in Beziehung zu setzen, daß jene auf diese in sachgerechter Weise anwendbar, diese für die rechtliche Regelung faßbar und normierbar werden. Daß die Lebensverhältnisse dazu gehören, wurde und wird freilich oft noch über der bloßen Beschäftigung mit der Norm übersehen. Die Hereinnahme der typischen Lebensverhältnisse in die juristische Betrachtung ist aber eines der hervorstechendsten Kennzeichen der

---

[31] S. 25.

[32] Darüber kann es seit dem Buch von ESSER über Grundsatz und Norm in der richterlichen Fortbildung des Privatrechts keinen Zweifel mehr geben.

[33] In seinem Buch „Recht und Rechtsverwirklichung" 1921. Vgl. ferner neuestens TROLLER, Überall gültige Prinzipien der Rechtswissenschaft, 1966, S. 61 ff.

modernen Rechtswissenschaft[34]. Die Lebensverhältnisse weisen, unabhängig von ihrer jeweiligen Gestaltung im einzelnen, bestimmte Sachzusammenhänge auf, die sichtbar zu machen die Rechtswissenschaft sich angelegen lassen sein muß[35]. Auf der anderen Seite gibt es auch sachlogisch bedingte Strukturen des Rechts[36]. Nicht nur die Sachzusammenhänge und die sachlogischen Strukturen bilden einen Gegenstand der Rechtswissenschaft, der keineswegs nur ein Produkt der Willkür oder des Zufalls ist, sondern ebenso auch die Rechtsprobleme. Die moderne Rechtsvergleichung hat uns die Erkenntnis gebracht, daß die Rechtsprobleme, vornehmlich diejenigen, vor die uns die Lebensformen der modernen Gesellschaft stellt, überall mehr oder minder gleich liegen, und daß sie von den verschiedenen Rechtsordnungen mit verschiedenen Mitteln, auf verschiedenen Wegen, aber dennoch weitgehend im Ergebnis übereinstimmend gelöst werden. Das aber berechtigt uns zu der Feststellung: am positiven Recht ist nicht alles „positiv", d. h. durch zufällige Umstände oder gar durch die Willkür des Gesetzgebers bedingt. Die Probleme, die norm- und die sachlogischen Strukturen, die „Realien der Gesetzgebung" sind dem Gesetzgeber und auch dem Richter weitgehend vorgegeben und lassen sich nicht beiseiteschieben. Zwar sind auch sie geschichtlich wandelbar, aber gegenüber dem Vordergründigen, den einzelnen Gesetzen, Verordnungen, Gerichtsurteilen relativ stabil und von eigenem

[34] Den Weg hierfür haben wieder die „Interessenjurisprudenz" und die soziologische Rechtslehre zu Beginn unseres Jahrhunderts, insbesondere die Schriften von EUGEN EHRLICH, gebahnt. Vgl. dazu auch den Vortrag von KANTOROWICZ über „Rechtswissenschaft und Soziologie", 1911 (wieder abgedruckt in der unter diesem Titel erschienenen Auswahl seiner Schriften, herausgegeben von Thomas WÜRTTEMBERGER 1962). Die Beachtung der Lebensverhältnisse ist besonders deutlich in der Bearbeitung solcher Rechtsgebiete, die sich, wie etwa das Arbeitsrecht, weitgehend ohne Anlehnung an ein vorhandenes Gesetz entwickelt haben; sie tritt aber auch in der Behandlung der sozusagen klassischen Teile des Bürgerlichen Rechts immer stärker hervor.
[35] Sie tut es vor allem in der Berücksichtigung der sogenannten „Natur der Sache". Vgl. dazu HENKEL, Einführung in die Rechtsphilosophie § 25 und neuestens TROLLER a. a. O. S. 184 ff.
[36] Um solche, der „Willkür" des Gesetzgebers entzogene Strukturen handelt es sich z. B. bei der Struktur des dinglichen Rechts und des Forderungsrechts, des Schuldverhältnisses als eines Gefüges, des Rechtsgeschäfts als eines auf die Begründung einer Rechtsfolge abzielenden Akts, der Stellvertretung (dazu MÜLLER-FREIENFELS, Die Vertretung beim Rechtsgeschäft, S. 22 und öfter).

Gewicht. Sie aber sind es, die die Rechtswissenschaft vornehmlich herauszuarbeiten sucht[37].

Damit tritt zu den behandelten Aufgaben der Rechtswissenschaft, nämlich der Interpretation, der Rechtsfortbildung und
der Vereinheitlichung des Rechts, eine weitere in den Blick,
nämlich die Vorbereitung der Gesetzgebung. Es ist eben nicht an
dem, daß ein Gesetzgeber, jedenfalls in unserer Zeit, Gesetze
rein beliebig machen könne. Jedenfalls dann, wenn das Gesetz
über den nächsten Tag hinaus Bestand haben soll, muß sich der
Gesetzgeber zuvor die zu regelnden Lebensverhältnisse, die
überhaupt bestehenden Regelungsmöglichkeiten, die Gesamtregelung, in die sich das zu schaffende Gesetz als ein Teil einfügen soll, die von einer solchen Teilregelung notwendig ausgehende Wirkung auf andere Regelungsbereiche sorgfältig vergegenwärtigen und gegeneinander abwägen. Es erscheint uns
heute ferner als selbstverständlich, daß ein Gesetzgeber sich
auch darüber orientiert, wie die zu regelnden Probleme in
anderen Rechtsordnungen vielleicht schon geregelt sind, welche
Lösungsmöglichkeiten sich hier abzeichnen. Erst wenn alle diese
Vorarbeiten geleistet sind, zu denen, wie offenbar, die Mithilfe
der Rechtswissenschaft, und zwar in ihren verschiedenen Erscheinungen als Rechtssoziologie, Rechtsdogmatik, Rechtsvergleichung, und, soweit es sich um die richtige Verwendung
juristischer Fundamentalkategorien handelt, auch als allgemeine
Rechtstheorie unentbehrlich ist, beginnt die eigentliche gesetzgeberische Tätigkeit. Übrigens hat KIRCHMANN den positiven
Wert der Rechtswissenschaft für die Vorbereitung der Gesetzgebung, ohne sich dessen anscheinend bewußt geworden zu sein,
anerkannt. Denn er sagt an einer Stelle seines Vortrags[38], je
vorzüglicher ein Gesetzbuch gelinge, je mehr es „die Wahrheit"
erreiche, umso mehr sei es „der Inhalt der Wissenschaft selbst,
gefaßt in der präzisesten Form". Mag dann, nach KIRCHMANNS
Meinung, die juristische Literatur, aus der die Gesetzesverfasser
geschöpft haben, selbst zur „Makulatur" geworden sein, wenn
nur die Ergebnisse der wissenschaftlichen Bemühungen in einem

[37] Nur so wird es auch verständlich, daß, wie eingangs bemerkt, uns die
Werke bedeutender Juristen wie etwa PUFENDORFS oder SAVIGNYS, obgleich
sie sich nicht auf das heute „positiv" geltende Recht beziehen, bleibende
rechtswissenschaftliche Einsichten zu vermitteln vermögen.
[38] S. 24.

guten Gesetzbuch fortwirken, können diese Bemühungen nicht ganz wertlos gewesen sein!

In der Tat ist wohl keine der großen Kodifikationen der Neuzeit ohne die zeitgenössische Rechtswissenschaft möglich gewesen. Das österreichische Allgemeine Bürgerliche Gesetzbuch und das preußische Allgemeine Landrecht sind auf dem Boden der modernen Naturrechtslehre, der Schulen von Christian Thomasius und Christian Wolf entstanden. Das deutsche BGB ist ganz und gar ein Kind der gemeinrechtlichen Jurisprudenz des 19. Jahrhunderts; es weist alle Vorzüge wie alle Schwächen dieser Epoche der Rechtswissenschaft auf. Das schweizerische Zivilgesetzbuch ist das geniale Werk eines einzigen wissenschaftlichen Kopfes, Eugen Hubers. Der Gesetzgeber unserer Tage bedient sich ständig der rechtlichen Kategorien, die ihm die Rechtswissenschaft zur Verfügung stellt. Auch der Gesetzgeber muß sich, ebenso wie der Richter, wissenschaftliche Kritik gefallen lassen; an solcher fehlt es dann auch nicht, so wenig wie an aus solcher Kritik hervorgegangenen Reformvorschlägen. Ich brauche hier nur an die Arbeit des Deutschen Juristentages zu erinnern. Keineswegs hinkt die Rechtswissenschaft, wie man vielleicht meinen könnte, nur hinter der Gesetzgebung her; sie geht ihr vielmehr ebenso oft auch voraus.

V.

Ich bin am Ende meiner Darlegungen angelangt. Es bleibt mir jetzt nur noch, den Eindruck zu zerstreuen, der sich nach dem Bisherigen leicht einstellen könnte, den Eindruck, daß also alles doch in bester Ordnung sei, die Rechtswissenschaft ihrer Aufgabe voll genüge. Das ist keineswegs meine Meinung. Wenn Kirchmann z. B. der Rechtswissenschaft seiner Zeit vorwirft[39], sie gerate „nur zu leicht auf die Abwege der Sophisterei, der unpraktischen Grübeleien; Subtilitäten ohne Ende kommen hervor, Auswüchse aller Art, woran die juristische Literatur so reich ist" — dann müssen wir uns gestehen, daß diese Vorwürfe auch heute noch einige Berechtigung haben. Und wenn

---

[39] S. 34.

KIRCHMANN sagt[40]: „Wen von den praktischen Juristen über-
fällt nicht manchmal das tiefe Gefühl der Leere und des Unge-
nügenden seiner Beschäftigung? Welcher andere Zweig der Literatur hat neben den guten einen solchen Wust von geist- und
geschmacklosen Büchern aufzuweisen wie die juristische?" —
wer wollte dann bestreiten, daß zu solcher Klage auch heute
noch manchmal Grund besteht? Es ist gewiß nicht alles zum
Besten bestellt; Grund zur Selbstkritik hat auch die Rechtswissenschaft unserer Tage genug. Indessen urteilen wir nicht
vorschnell. Was uns heute einigermaßen als abstrus erscheinen
mag, enthält vielleicht doch eine Wahrheit, die erst morgen
in ihrer Tragweite entdeckt wird. Umwege und Irrtümer haben
zu allen Zeiten den Weg der Wissenschaft gekennzeichnet, nicht
nur der Rechtswissenschaft. Darum sollten wir aber unserer
vermeintlichen Erkenntnisse nicht zu sicher sein, uns offen
halten für Einwände, bereit, um- oder hinzuzulernen, wo das
mit guten Gründen von uns gefordert werden kann. Aber das
alles ist kein Grund, zu resignieren, die Rechtswissenschaft als
nutzlos abzutun und sich, wie KIRCHMANN es empfiehlt, auf
das „natürliche Recht", d. h. auf das zurückzuziehen, was jeder
in seiner eigenen Brust als Recht empfindet. Denn auf diese
Weise meistern wir die großen Aufgaben, vor die die moderne
Entwicklung der Gesellschaft gerade auch den Juristen stellt,
sicher nicht.

Vergessen wir nicht: Der Mensch verfügt heute über Kräfte
und Möglichkeiten wie noch nie. Die moderne Technik stellt
uns vor völlig neue Probleme auch im menschlichen Zusammen-
leben, sowohl der Einzelnen wie der gesellschaftlichen Gruppen,
wie der Nationen. Jeder ist heute von jedem und allem ab-
hängig. Es gilt, in dieser umfassenden wechselseitigen Abhängig-
keit jedem den Entfaltungsraum, dessen der Mensch bedarf, um
als Person zu sein, zu sichern und das Ganze im Gleichgewicht
zu erhalten. Diese Probleme in einer Weise zu meistern, daß
die technischen Errungenschaften der Menschheit zum Segen
und nicht zum Unheil gereichen, ist eine der größten Aufgaben,
die uns und der folgenden Generation gestellt sind. Ich kann
nicht glauben, daß dabei die Mithilfe der Rechtswissenschaft,
einer Rechtswissenschaft, die sowohl aus dem jahrtausendealten

---

[40] S. 8.

juristischen Erfahrungsschatz schöpft wie auch den Mut auf-
bringt, wenn es die Sache fordert, neue Wege zu begehen, ent-
behrt werden kann.

Verhängnisvoll wäre es, wenn der unbestreitbare Glanz, der
von der heutigen Naturwissenschaft, ihren das Leben der
Menschheit verändernden Erkenntnissen ausgeht, dazu führen
würde, daß die begabtesten, die selbständigsten, die wissenschaftlich befähigtsten Köpfe unter der Jugend sich ausschließlich diesen Wissenschaften zuwendeten, für die Rechtswissenschaft aber, wie es manchmal den Anschein hat, nur noch diejenigen übrig blieben, deren ganzes Streben sich darin erschöpft,
auf dem ausgetretenen Pfade, auf dem schon ihre Väter und
Großväter aufgestiegen sind, langsam zu bescheidenen Ämtern
und Würden emporzusteigen. Um nun diesen, anscheinend ganz
„zwecklosen" Vortrag doch noch mit einer praktischen Nutz-
anwendung zu schließen: ich wäre glücklich, wenn es mir ge-
lungen wäre, einem meiner Zuhörer das Gefühl zu vermitteln,
daß es sich doch lohnt, sich der Rechtswissenschaft zu widmen,
weil auch hier eine Fülle ungelöster und drängender Probleme
auf ihn wartet. Freilich bedarf es dazu nicht nur eines gegenüber früheren Zeiten beträchtlich vermehrten Wissens, sondern
auch einer langen Schulung des Blicks, um die wirklichen Probleme zu erkennen und die Lösungsmöglichkeiten aufzufinden.
Das aber ist in allen Wissenschaften so. Es ist mit der Rechtswissenschaft so wie wohl mit jeder anderen Wissenschaft: nur
der Anfänger glaubt schon alle Probleme gelöst; am Ende
erkennt man, daß sogut wie alles fragwürdig ist. Die *Frage*
aber ist es, die überall in der Wissenschaft den Anstoß gibt.
Solange die Menschen nicht aufhören, nach einer gerechten
Lösung ihrer mannigfachen Interessenkonflikte und nach einer
ihnen zuträglichen Ordnung ihres Zusammenlebens zu *fragen*,
solange wird es Rechtswissenschaft geben, wird sie — nun nicht
nur im Sinne ihres Nutzens für die Praxis, sondern als eine der
wesentlichen Äußerungen des menschlichen Geistes gesehen[41] —
dem Menschen unentbehrlich sein.

---

[41] Diesen, über die begrenzte Fragestellung dieses Vortrags weit hinaus-
führenden Aspekt behandelt vornehmlich der schöne Vortrag von ERIK
WOLF, Fragwürdigkeit und Notwendigkeit der Rechtswissenschaft (Frei-
burger Universitätsreden 1953).

Wir empfehlen:

Die Naturrechtslehre Samuel Pufendorfs
> Ein Beitrag zur Ideengeschichte des 17. und 18. Jahrhunderts. Von
> Prof. Dr. HANS WELZEL. Oktav. IV, 114 Seiten. 1958. DM 14,80

Zum Begriff der „Natur der Sache"
> Von RALF DREIER. Oktav. XX, 128 Seiten. 1965. DM 22,— (Münste-
> rische Beiträge zur Rechts- und Staatswissenschaft 9)

Gibt es ein Naturrecht?
> Von ADOLPH LEINWEBER. Oktav. XVIII, 216 Seiten. 1965. DM 32,—
> (Hamburger Rechtsstudien 53; Cram, de Gruyter & Co., Hamburg)

Ein Leben für die Gerechtigkeit
> Erinnerungen von Senatspräsident a. D. Geh. Justizrat Dr. FRANZ
> SCHOLZ. Oktav. 164 Seiten. 1955. Ganzleinen DM 14,50

Die Gerechtigkeit
> Wesen und Bedeutung im Leben der Menschen und Völker. Von
> Prof. Dr. WILHELM SAUER. Oktav. VIII, 186 Seiten. 1959. Ganzleinen
> DM 18,—

Der Begriff der Gerechtigkeit in der aristotelischen Rechts- und Staats-
philosophie. Von PETER TRUDE. Oktav. XVIII, 112 Seiten. 1955.
DM 14,70 (Neue Kölner Rechtswissenschaftliche Abhandlungen 3)

Ludwig Feuerbachs Philosophie
> Ursprung und Schicksal. Von SIMON RAWIDOWICZ. 2. Auflage. Groß-
> Oktav. IV, 517 Seiten. 1964. Ganzleinen DM 56,—

Kants Metaphysik der Natur
> Von LOTHAR SCHÄFER. Groß-Oktav. VIII, 197 Seiten. 1966. Ganz-
> leinen DM 38,— (Quellen und Studien zur Geschichte der Philo-
> sophie 9)

Versuch einer kritischen Analyse der Rechtslehre Rudolf von Iherings
> Von Dr. WILHELM WERTENBRUCH. Oktav. XIV, 112 Seiten. 1955.
> DM 9,60 (Neue Kölner Rechtswissenschaftliche Abhandlungen 4)

WALTER DE GRUYTER & CO · BERLIN 30

Schriftenreihe der Juristischen Gesellschaft e. V. Berlin

Fortsetzung auf der 3. Umschlagseite

Fortsetzung der 2. Umschlagseite

Heft 17: **Gestaltungsrecht und Unterwerfung im Privatrecht.** Von Prof. Dr. EDUARD BÖTTICHER. IV, 33 Seiten. 1964. DM 7,—

Heft 18: **Von den zwei Rechtsordnungen im staatlichen Gemeinwesen.** Ein Beitrag zur allgemeinen Rechtstheorie. Von Prof. Dr. EBERHARD SCHMIDHÄUSER. IV, 31 Seiten. 1964. DM 6,80

Heft 19: **Der Gleichheitssatz im Wirtschaftsrecht des Gemeinsamen Marktes.** Von Prof. Dr. ERNST STEINDORFF. IV, 61 Seiten. 1965. DM 12,80

Heft 20: **Cicero als Advokat.** Von Prof. Dr. FRANZ WIEACKER. IV, 27 Seiten. 1965. DM 7,50

Heft 21: **Probleme der Leistungsverwaltung.** Von OTTO KÜSTER. IV, 36 Seiten. 1965. DM 7,50

Heft 22: **Das Allgemeine Landrecht von 1794 als Grundgesetz des friderizianischen Staates.** Von Prof. Dr. Dr. h. c. HERMANN CONRAD. IV, 28 Seiten. 1965. DM 7,20

Heft 23: **Wege zu einer Konzentration der mündlichen Verhandlung im Prozeß.** Von Prof. Dr. FRITZ BAUR. IV, 26 Seiten. 1966. DM 6,50

Heft 24: **Die verfassungsrechtliche Bedeutung der Vertragsfreiheit.** Von Prof. Dr. HANS HUBER. IV, 32 Seiten. 1966. DM 7,50

Heft 25: **Probleme des Mitbestimmungsrechts.** Von Prof. Dr. ROLF DIETZ. VI, 24 Seiten. 1966. DM 7,—

Alle Hefte der Reihe erscheinen im Format Oktav. Mitglieder der Gesellschaft erhalten eine Ermäßigung von 30 %.

Walter de Gruyter & Co., Berlin 30

www.ingramcontent.com/pod-product-compliance
Lightning Source LLC
Chambersburg PA
CBHW050653190326
41458CB00008B/2543